Impressum
Verlag: BABADADA GmbH, Nedderfeld 112 , 22529 Hamburg
Geschäftsführer / Verlagsleitung: Harald Hof
Druck: Books on Demand GmbH, In de Tarpen 42, 22848 Norderstedt

Imprint
Publisher: BABADADA GmbH, Nedderfeld 112 , 22529 Hamburg, Germany
Managing Director / Publishing direction: Harald Hof
Print: Books on Demand GmbH, In de Tarpen 42, 22848 Norderstedt

classroom
de Klassenstuuv

divide
delen

186/2

board
de Tafel

school yard
de Schoolhoff

teacher
de Schoolmeester

paper
dat Papeer

write
schrieven

pen
de Sticken

desk
de Schrievdisch

ruler
dat Lienholt

book
dat Book

pupil
de Schöler

satchel
de Ranzel

pencil case
de Feddermapp

pencil
de Bleesticken

pencil sharpener
de Scharpmaker

rubber
dat Radeergummi

drawing pad
de Tekenblock

drawing

de Teken

paintbrush

de Pinsel

paint box

de Malkassen

scissors

de Scheer

glue

de Klever

exercise book

dat Heft to'n Öven

homework

de Huusopgaav

number

de Tall

add

tohooptellen

subtract

aftrecken

multiply

malnehmen

calculate

reken

letter

de Bookstaav

alphabet

dat ABC

word

dat Woort

text
de Text

read
lesen

chalk
de Kried

lesson
de Stunn

register
dat Klassenbook

examination
de Pröven

certificate
dat Tüügnis

school uniform
de Schooluniform

education
de Utbillen

encyclopedia
dat Nakieksel

university
de Universität

microscope
dat Mikroskop

map
de Koort

waste-paper basket
de Papeerkorf

hotel
dat Hotel

hostel
de Harbarg

currency exchange office
de Wesselstuuv

car
dat Auto

language

de Spraak

yes / no

jo / ne

Okay

Jo

hello

Moin

translator

de Översetter

Thank you

Dank ok

how much is…?

Wat kost…?

I don´t get it

Ik verstah nich

problem

dat Problem

Good evening!

Goden Avend

Good morning!

Moin!

Good night!

Gode Nacht!

goodbye

Tschüüs

direction

de Richt

luggage

de Bagaasch

bag

de Tasch

backpack

de Rüchsack

guest

de Gast

room

de Stuuv

sleeping bag

de Slaapsack

tent

dat Telt

tourist information
de Touristeninformatschoon

beach
de Strand

credit card
de Kreditkoort

breakfast
dat Fröhstück

lunch
dat Meddageten

dinner
dat Avendeten

Ticket
de Fohrkort

elevator
de Fohrstohl

stamp
de Breefmark

border
de Grenz

customs
de Toll

embassy
de Bottschop

visa
dat Visum

passport
de Pass

airplane
de Fleger

ship
dat Schipp

fire truck
dat Füerwehrauto

bus
de Autobus

truck
de Lastwagen

motorboat
dat Motoorboot

car
dat Auto

bike
dat Fohrrad

ferry

de Fähr

boat

dat Boot

motorbike

dat Motoorrad

police car

dat Polizeiauto

racing car

dat Rönnauto

rental car

de Lehnwagen

car sharing

dat Carsharing

tow truck

de Afsleepwagen

garbage truck

dat Müllauto

engine

de Motoor

fuel

de Kraftstoff

fuel station

de Tanksteed

traffic sign

dat Verkehrsschild

traffic

de Verkehr

traffic jam

de Stau

parking lot

de Afstellplatz

train station

de Bahnhoff

tracks

de Sporen

train

de Tog

tram

de Stratenbahn

wagon

de Wagon

helicopter

de Dwarsmöhl

airport

de Flooghaven

tower

de Tower

passenger

de Fohrgast

container

de Grootkist

carton

de Karton

cart

de Koor

basket

de Korf

take off / land

starten / lannen

city

de Stadt

village

dat Dörp

city center

de Binnenstadt

house

dat Huus

movie theater
dat Kino

advert
de Warf

street light
de Stratenlatücht

CINEMA

street
de Straat

taxi
dat Taxi

snack shop
de Kiosk

pedestrian
de Footgänger

sidewalk
de Börgerstieg

zebra crossing
de Zebrastriepen

dumpster
de Mülltunn

crossing
de Krüzen

traffic lights
de Wessellücht

hut

de Hütt

apartment

de Wahnung

train station

de Bahnhoff

city hall

dat Raathuus

museum

dat Museum

school

de School

university

de Universität

bank

de Bank

hospital

dat Krankenhuus

hotel

dat Hotel

pharmacy

de Afteek

office

dat Büro

book shop

de Bookhökerie

shop

de Hökerie

flower shop

de Blomenhökerie

supermarket

de Supermarkt

market

de Markt

department store

dat Koophuus

fishmonger's shop

de Fischhökerie

mall

dat Inkoopszentrum

harbor

de Haven

park

de Parkanlaag

bench

de Bank

bridge

de Brüch

stairs

de Trepp

subway

de Ünnergrundbahn

tunnel

de Tunnel

bus stop

de Busstoppsteed

bar

de Bar

restaurant

dat Spieslokal

postbox

de Breefkassen

street sign

dat Stratenschild

parking meter

de Parkklock

zoo

de Deertenpark

swimming pool

de Baadanstalt

mosque

de Moschee

farm

de Buernhoff

pollution

de Ümweltversmudden

cemetery

de Karkhoff

church

de Kark

playground

de Speelplatz

temple

de Tempel

landscape

de Landschop

signpost
de Wiespahl

path
de Weg

meadow
de Wisch

stone
de Steen

tree
de Boom

hiker
de Wannerer

river
de Fluss

grass
dat Gras

flower
de Bloom

valley
dat Daal

hill
de Barg

lake
de See

forest
dat Holt

desert
de Wööst

volcano
de Füerspien Barg

castle
dat Slott

rainbow
de Regenbagen

mushroom
de Poggenstohl

palm tree
de Palm

mosquito
de Steekmück

fly
de Fleeg

ant
de Miegeemk

bee
de Imm

spider
de Spinn

landscape - de Landschop

beetle

de Sebber

frog

de Pogg

squirrel

de Katteker

hedgehog

de Swienegel

hare

de Haas

owl

de Uul

bird

de Vagel

swan

de Swaan

boar

dat Wildswien

deer

de Hirsch

moose

de Elk

dam

de Staudamm

wind turbine

dat Windrad

solar panel

dat Solarmodul

climate

dat Klima

landscape - de Landschop

waiter
de Kellner

menu
de Spieskoort

chair
de Stohl

soup
de Supp

pizza
de Pizza

cutlery
dat Bestick

tablecloth
de Dischdeek

starter
de Vörspies

main course
dat Haupteten

dessert
de Nadisch

drinks
de Drünk

food
dat Eten

bottle
de Buddel

fast food

dat Fastfood

street food

dat Strateneten

teapot

de Teekann

sugar bowl

de Zuckerdoos

portion

de Portschoon

espresso machine

de Espressomaschien

high chair

de Hoochstohl

bill

de Reken

tray

dat Tablett

knife

dat Mess

fork

de Gavel

spoon

de Lepel

teaspoon

de Teelepel

serviette

dat Munddook

glass

dat Glas

plate

de Töller

soup plate

de Suppentöller

saucer

de Ünnertass

sauce

de Sooß

salt shaker

de Soltstreuer

pepper mill

de Pepermöhl

vinegar

de Etig

oil

dat Ööl

spices

de Krüder

ketchup

de Ketchup

mustard

de Mostrich

mayonnaise

de Mayonnaise

special offer
dat Anbott

customer
de Kunn

dairy products
de Melkprodukten

fruit
dat Aaft

shopping cart
de Inkoopswagen

butcher's shop
de Slachterie

bakery
de Bäckerie

weigh
wegen

vegetables
de Gröönsaken

meat
dat Fleesch

frozen food
de Deepköhlkost

cold cuts

de Opsnitt

canned food

de Konserven

detergent

de Waschmiddel

candy

de Snoopkraam

household products

de Huushooltssaken

cleaning products

de Reinmaaktüüch

sales representative

de Verköpersche

cash register

de Kass

cashier

de Kasserer

shopping list

de Inkoopslist

opening hours

de Opsparrtieden

wallet

de Breeftasch

credit card

de Kreditkoort

bag

de Tasch

plastic bag

de Plastiktüüt

supermarket - de Supermarkt

water

dat Water

juice

de Saft

milk

de Melk

coke

de Cola

wine

de Wien

beer

dat Beer

alcohol

de Spriet

cocoa

de Kakao

tea

de Tee

coffee

de Koffie

espresso

de Espresso

cappuccino

de Cappucino

banana

de Banaan

apple

de Appel

orange

de Appelsien

melon

de Meloon

lemon

de Zitroon

carrot

de Wöttel

garlic

de Knuuvlook

bamboo

de Bambus

onion

de Zibbel

mushroom

de Poggenstohl

nuts

de Nööt

noodles

de Nudeln

spaghetti

de Spaghetti

rice

de Ries

salad

de Salat

fries

de Pommes frites

fried potatoes

de Braadkantüffeln

pizza

de Pizza

hamburger

de Hamborger

sandwich

dat Sandwich

escalope

dat Snitzel

ham

de Schinken

salami

de Salami

sausage

de Wust

chicken

dat Hohn

roast

de Braden

fish

de Fisch

porridge oats

de Haverflocken

muesli

dat Müsli

cornflakes

de Cornflakes

flour

dat Mehl

croissant

de Croissant

bread roll

dat Rundstück

bread

dat Broot

toast

dat Toast

cookies

de Keksen

butter

de Botter

curd

de Quark

cake

de Koken

egg

dat Ei

fried egg

dat Spegelei

cheese

de Kees

ice cream

de Ies

sugar

de Zucker

honey

de Honnig

jelly

de Marmelaad

nougat cream

de Nougat-Creme

curry

dat Curry

goat

de Zeeg

cow

de Koh

calf

dat Kalf

pig

dat Swien

piglet

dat Farken

bull

de Bull

goose

de Goos

duck

de Aant

chick

dat Küken

hen

dat Hohn

cockerel

de Hahn

rat

de Rott

cat

de Katt

mouse

de Muus

ox

de Oss

dog

de Hund

dog house

de Hunnenhütt

garden hose

de Goornslauch

watering can

de Geetkann

scythe

de Lee

plow

de Ploog

sickle

de Sich

hoe

de Hack

pitchfork

de Mestfork

axe

de Ext

pushcart

de Schuufkoor

trough

de Trog

milk can

de Melkkann

sack

de Sack

fence

de Tuun

stable

de Stall

greenhouse

dat Drievhuus

soil

de Bodden

seed

de Saal

fertilizer

de Dünger

combine harvester

de Meihdöscher

harvest

oornen

harvest

de Oorn

yams

de Yamswöttel

wheat

de Weten

soya

dat Soja

potato

de Kantüffel

corn

de Törksche Weten

rapeseed

de Rapp

fruit tree

de Aaftboom

manioc

de Troopsch Kantüffel

grain

dat Koorn

living room
de Wahnstuuv

bathroom
de Baadstuuv

kitchen
de Köök

bedroom
de Slaapstuuv

kids room
de Kinnerstuuv

dining room
de Eetstuuv

floor

de Footbodden

wall

de Wand

ceiling

de Deek

cellar

de Keller

sauna

dat Hittluftbad

balcony

de Balkon

terrace

de Terrass

pool

dat Swümmbad

lawn mower

de Rasenmeiher

sheet

de Bettbetog

bedspread

de Bettdeek

bed

de Puuch

broom

de Bessen

bucket

de Emmer

switch

de Schalter

carpet

de Teppich

drape

de Vörhang

table

de Disch

chair

de Stohl

rocking chair

de Schuckelstohl

armchair

de Sessel

book
dat Book

blanket
de Deek

decoration
de Dekoratschoon

firewood
dat Füerholt

film
de Film

stereo system
de Stereoanlaag

key
de Slötel

newspaper
dat Narichtenblatt

painting
dat Gemälde

poster
dat Poster

radio
dat Radio

notebook
de Opschrievblock

vacuum cleaner
de Huulbessen

cactus
de Kaktus

candle
de Kars

fridge
dat Köhlschapp

microwave oven
de Mikrowell

kitchen scales
de Kökenwaag

toaster
de Toaster

laundry detergent
dat Reinmaakmiddel

stove
de Backaven

freezer
dat Gefreerfack

dishwasher
de Opwaschmaschien

cooker

de Heerd

pot

de Pott

cast-iron pot

de Gussiesern Putt

wok / kadai

de Wok / Kadai

pan

de Pann

kettle

de Waterkaker

steamer

de Dampkaakputt

baking tray

dat Backblick

crockery

dat Geschirr

mug

de Beker

bowl

de Schaal

chopsticks

de Eetsticken

ladle

de Suppenkell

spatula

de Pannenwenner

whisk

de Sneebessen

strainer

dat Kaakseef

sieve

dat Seef

grater

de Riev

mortar

de Mörser

barbecue

de Grill

fireplace

de Füerstell

chopping board

dat Sniedbrett

rolling pin

dat Nudelholt

corkscrew

de Proppentrecker

can

de Doos

can opener

de Dosenaapner

oven cloth

de Pottlappen

sink

dat Waschbecken

brush

de Böst

sponge

de Swamm

blender

de Mixer

deep freezer

dat Iesschapp

baby bottle

de Nuckelbuddel

tap

de Waterhahn

bathroom

de Baadstuuv

heating
de Heizung

shower
de Bruus

towel
dat Handdook

shower curtain
de Bruusvörhang

bubble bath
dat Schuumbad

bathtub
de Baadwann

glass
dat Glas

washing machine
de Waschmaschien

tap
de Waterhahn

tiles
de Fliesen

potty
de lütte Putt

sink
dat Waschbecken

toilet	squat toilet	bidet
de Tante Meier	de Hockklo	dat Bidet
urinal	toilet paper	toilet brush
dat Miegbecken	dat Klopapeer	de Kloböst

toothbrush

de Tähnböst

toothpaste

de Tähnpast

dental floss

de Tähnsied

wash

waschen

hand shower

de Handbruus

douche

de Intimbruus

basin

de Waschschöttel

back brush

de Rüchböst

soap

de Seep

shower gel

dat Bruusgeel

shampoo

dat Hoorwaschmiddel

flannel

de Waschlappen

drain

de Afloop

creme

de Creme

deodorant

dat Deodorant

mirror
....
de Spegel

hand mirror
....
de Kosmetikspegel

razor
....
de Raserer

shaving foam
....
de Raseerschuum

aftershave
....
dat Raseerwater

comb
....
de Kamm

brush
....
de Böst

hair-dryer
....
de Hoordröger

hairspray
....
dat Hoorspray

makeup
....
de Smink

lipstick
....
de Lippensticken

nail varnish
....
de Nagellack

cotton wool
....
de Watt

nail scissors
....
de Nagelscheer

perfume
....
dat Rüükwater

washbag

de Kulturbüdel

stool

de Schemel

weighing scales

de Waag

bathrobe

de Baadmantel

rubber gloves

de Gummihanschen

tampon

de Tampon

sanitary towel

de Damenbinn

chemical toilet

dat Chemieklo

alarm clock
de Wecker

cuddly toy
dat Knudeldeert

toy car
dat Speeltüüchauto

rattle
de Klöter

doll's house
dat Poppenhuus

present
dat Geschenk

balloon
de Luftballon

bed
de Puuch

stroller
de Kinnerwagen

deck of cards
dat Koortenspeel

jigsaw
dat Puzzle

comic
de Billergeschicht

lego bricks

de Legostenen

toy blocks

de Bustenen

action figure

de Action-Figur

romper suit

de Strampelantog

frisbee

de Frisbeeschiev

mobile

dat Mobile

board game

dat Brettspeel

dice

de Wörpel

model train set

de Modelliesenbahn

pacifier

de Snuller

party

de Party

picture book

dat Billerbook

ball

de Ball

doll

de Popp

play

spelen

sandpit

de Sandkassen

swing

de Schuckel

toys

dat Speeltüüch

video game console

de Speelkonsool

tricycle

dat Dreerad

teddy bear

de Teddyboor

wardrobe

dat Klederschapp

clothing

dat Tüüch

socks

de Socken

stockings

de Strümp

tights

de Strumpbüx

scarf
dat Halsdook

belt
de Liefreem

umbrella
de Paraplü

t-shirt
dat T-Shirt

sneakers
de Turnschoh

boots
de Stevel

slippers
de Puuschen

sandals
de Sandalen

shoes
de Schoh

rubber boots
de Gummistevel

underwear
de Ünnerbüx

bra
de Bostholler

undershirt
dat Ünnerhemd

body

de Lief

pants

de Büx

jeans

de Jeansnüx

skirt

de Rock

blouse

de Bluus

shirt

dat Hemd

pullover

de Pullover

sweater

de Kapuzenpullover

blazer

de Blazer

jacket

de Jack

coat

de Mantel

raincoat

de Övertrecker

costume

dat Kostüm

dress

dat Kleed

wedding dress

dat Hochtietskleed

suit

de Antog

nightgown

dat Nachtkleed

pajamas

de Slaapantog

sari

de Sari

headscarf

dat Koppdook

turban

de Turban

burka

de Burka

kaftan

de Kaftan

abaya

de Abaya

swimsuit

de Baadantog

trunks

de Baadbüx

shorts

de Korte Büx

tracksuit

de Antog to'n Öven

apron

de Schört

gloves

de Handschoh

button
·····················
de Knopp

glasses
·····················
de Brill

bracelet
·····················
dat Armband

necklace
·····················
de Halskeed

ring
·····················
de Ring

earring
·····················
de Ohrbummel

cap
·····················
de Mütz

coat hanger
·····················
de Klederbögel

hat
·····················
de Hoot

tie
·····················
de Binner

zip
·····················
de Rietslüter

helmet
·····················
de Helm

braces
·····················
dat Drachtband

school uniform
·····················
de Schooluniform

uniform
·····················
de Uniform

bib
de Severböten

pacifier
de Snuller

diaper
de Winnel

office
dat Büro

server
de Server

filing cabinet
dat Aktenschapp

printer
de Drucker

monitor
de Bildschirm

paper
dat Papeer

mouse
de Muus

desk
de Schrievdisch

folder
de Orner

keyboard
dat Knoopboord

chair
de Stohl

waste-paper basket
de Papeerkorf

computer
de Computer

coffee mug
de Koffiebeker

calculator
de Taschenreekner

internet
dat Internet

laptop

de Klappreekner

letter

de Breef

message

de Naricht

cell phone

de Ackersnacker

network

dat Nettwark

photocopier

de Kopeerapparat

software

de Software

telephone

de Klöönkassen

plug socket

de Steekdoos

fax machine

de Faxapparat

form

dat Formulor

document

dat Dokument

buy

köpen

pay

betahlen

trade

hanneln

money

dat Geld

dollar

de Dollar

euro

de Euro

yen

de Yen

rouble

de Ruvel

Swiss franc

de Swiezer Franken

renminbi yuan

de Renminbi Yuan

rupee

de Rupie

cash point

de Geldautomat

currency exchange office

de Wesselstuuv

gold

dat Gold

silver

dat Sülver

oil

dat Ööl

energy

de Energie

price

de Pries

contract

de Verdrag

tax

de Stüer

stock

de Andeelschien

work

arbeiden

employee

de Anstellte

employer

de Arbeitgever

factory

de Fabrik

shop

de Hökerie

police officer
de Wachtmeester

fireman
de Füerwehrmann

cook
de Kock

doctor
de Dokter

pilot
de Fleger

gardener

de Goorner

carpenter

de Discher

seamstress

de Neihersche

judge

de Richter

chemist

de Chemiker

actor

de Schauspeler

bus driver

de Busfohrer

taxi driver

de Taxifohrer

fisherman

de Fischer

cleaning lady

de Reinmaakfru

roofer

de Dackdecker

waiter

de Kellner

hunter

de Jäger

painter

de Maler

baker

de Bäcker

electrician

de Elektriker

builder

de Buarbeider

engineer

de Ingenieur

butcher

de Slachter

plumber

de Klempner

postman

de Postbüdel

soldier

de Suldat

architect

de Architekt

cashier

de Kasserer

florist

de Florist

hairdresser

de Putzbüdel

conductor

de Schaffner

mechanic

de Mechaniker

captain

de Kaptein

dentist

de Tähndokter

scientist

de Wetenschopler

rabbi

de Rabbi

imam

de Imam

monk

de Mönk

pastor

de Paap

hammer
de Hamer

pliers
de Tang

screwdriver
de Schruvendreiher

wrench
de Schruvenslötel

torch
de Taschenlamp

excavator

de Grieper

toolbox

de Warktüüchkassen

ladder

de Ledder

saw

de Saag

nails

de Nagels

drill

de Bohrer

repair

heelmaken

shovel

de Schüffel

Damn!

Schiet!

dustpan

dat Kehrblick

paint can

de Farvpott

screws

de Schruven

musical instruments
de Musikinstrumenten

drum set
dat Slagtüüch

loud speaker
de Luutsnacker

guitar
de Rietfiedel

double bass
de Bass-Vigelien

trumpet
de Trumpeet

piano

dat Klaveer

violin

de Vigelien

bass

de Bass

timpani

de Pauk

drums

de Trummeln

keyboard

dat Keyboard

saxophone

dat Saxophon

flute

de Fleut

microphone

dat Mikrofoon

musical instruments - de Musikinstrumenten

tiger
de Tiger

cage
de Käfig

zebra
dat Zebra

animal feed
dat Deertenfoder

entrance
de Ingang

panda
de Panda-Boor

animals

de Deerten

elephant

de Elefant

kangaroo

dat Känguru

rhino

dat Neeshoorn

gorilla

de Gorilla

bear

de Boor

camel

dat Kameel

ostrich

de Struuß

lion

de Lööv

monkey

de Aap

flamingo

de Flamingo

parrot

de Papagoi

polar bear

de Iesboor

penguin

de Pinguin

shark

de Haifisch

peacock

de Pageluun

snake

de Slang

crocodile

dat Krokodil

zookeeper

de Oppasser in'n
Deertenpark

seal

de Saalhund

jaguar

de Jaguor

pony

dat Pony

leopard

de Leopard

hippo

dat Nilpeerd

giraffe

de Giraff

eagle

de Aadler

boar

dat Wildswien

fish

de Fisch

turtle

de Schildkrööt

walrus

dat Walross

fox

de Voss

gazelle

de Gazell

de Sport

American football
de Amerikaansch Football

cycling
dat Radfohren

tennis
dat Tennis

basketball
de Korfball

swimming
dat Swümmen

boxing
dat Boxen

ice hockey
dat Ieshockey

soccer	badminton	athletics
de Football	dat Fedderball	de Leichtathletik
handball	skiing	polo
de Handball	dat Skilopen	dat Polo

jump
springen

laugh
lachen

hug
ümarmen

walk
gahn

sing
singen

dream
drömen

pray
beden

kiss
snuteln

write
schrieven

draw
teken

show
wiesen

push
drücken

give
geven

take
nehmen

have
hebben

do
doon

be
sien

stand
stahn

run
lopen

pull
trecken

throw
smieten

fall
fallen

lie
liggen

wait
töven

carry
dregen

sit
sitten

get dressed
antrecken

sleep
slapen

wake up
opwaken

activities - de Aktivitäten

look at

ankieken

cry

wenen

stroke

eien

comb

kämmen

talk

snacken

understand

verstahn

ask

fragen

listen

hören

drink

drinken

eat

eten

tidy up

oprümen

love

leefhebben

cook

kaken

drive

fohren

fly

flegen

sail
....
segeln

calculate
....
reken

read
....
lesen

learn
....
lehren

work
....
arbeiden

marry
....
de Plünnen tohoopsmieten

sew
....
neihen

brush teeth
....
Tähnen putzen

kill
....
dootmaken

smoke
....
smöken

send
....
schicken

activities - de Aktivitäten

grandmother
de Grootmoder

grandfather
de Grootvadder

father
de Vadder

mother
de Moder

aby
at Winnelkind

daughter
de Dochter

son
de Söhn

guest

de Gast

aunt

de Tant

uncle

de Unkel

brother

de Broder

sister

de Süster

forehead
de Vörkopp

eye
dat Oog

shoulder
de Schuller

finger
de Finger

face
dat Gesicht

chin
dat Kinn

hand
de Hand

breast
de Bost

leg
dat Been

arm
de Arm

baby

dat Winnelkind

man

de Mann

woman

de Fro

girl

de Deern

boy

de Jung

head

de Arm

back

de Rüch

belly

de Buuk

navel

de Navel

toe

de Teh

heel

de Hack

bone

de Knaken

hip

de Hüft

knee

dat Knee

elbow

de Ellbagen

nose

de Nees

buttocks

de Achtersen

skin

de Huut

cheek

de Back

ear

dat Ohr

lip

de Lipp

mouth

de Mund

tooth

de Tähn

tongue

de Tung

brain

de Bregen

heart

dat Hart

muscle

de Muskel

lung

de Lung

liver

de Lever

stomach

de Maag

kidneys

de Neren

sex

de Bislaap

condom

dat Kondoom

ovum

de Eizell

semen

dat Sperma

pregnancy

de Anner Ümstänn

menstruation

de Menstruatschoon

vagina

de Scheed

penis

de Pint

eyebrow

de Ogenbroe

hair

dat Hoor

neck

de Hals

hospital
dat Krankenhuus

ambulance
de Krankenwagen

wheelchair
de Rullstohl

fracture
de Bruch

doctor

de Dokter

emergency room

de Nootopnahm

nurse

de Krankensüster

emergency

de Nootfall

unconscious

ahnmächtig

pain

de Wehdaag

injury

de Verwunnen

bleeding

de Blöden

heart attack

de Hartinfarkt

stroke

de Slaganfall

allergy

de Allergie

cough

de Hoosten

fever

dat Fever

flu

de Gripp

diarrhea

de Dörchfall

headache

de Koppwehdaag

cancer

de Kreeft

diabetes

de Zuckersüük

surgeon

de Chirurg

scalpel

dat Chirurgsch Mess

operation

de Operatschoon

CT
dat CT

x-ray
de Dörchlüchten

ultrasound
de Ultraschall

face mask
de Mask

disease
de Krankheit

waiting room
de Töövruum

crutch
de Krück

plaster
dat Plaaster

bandage
de Verband

injection
de Insprütten

stethoscope
dat Stethoskop

stretcher
de Draag

clinical thermometer
dat Feverthermometer

birth
de Geboort

overweight
dat Övergewicht

hearing aid

de Höörapparat

disinfectant

dat Kiemfriemiddel

infection

de Ansteken

virus

de Virus

HIV / AIDS

dat HIV / AIDS

medicine

dat Heelmiddel

vaccination

de Impen

tablets

de Tabletten

pill

de Pill

emergency call

de Nootroop

blood pressure monitor

de Blootdruck-Meter

ill / healthy

krank / gesund

Help!
Hölp!

alarm
de Alarm

assault
de Överfall

attack
de Angreep

danger
de Gefohr

emergency exit
de Nootutgang

Fire!
dat Füer!

fire extinguisher
de Füerlöscher

accident
de Unfall

first-aid kit
de Noothölpkoffer

SOS
SOS

police
de Polizei

Europe

Europa

North America

Noordamerika

South America

Süüdamerika

Africa

Afrika

Asia

Asien

Australia

Australien

Atlantic

de Atlantik

Pacific

de Pazifik

Indian Ocean

dat Indisch Weltmeer

Antarctic Ocean

dat Antarktisch Weltmeer

Arctic Ocean

dat Arktisch Weltmeer

North pole

de Noordpol

South pole

de Süüdpol

Antarctica

de Antarktis

earth

de Eerd

land

dat Land

sea

de See

island

dat Eiland

nation

de Natschoon

state

de Staat

clock face

dat Tallenblatt

hour hand

de Stunnenwieser

minute hand

de Minutenwieser

second hand

de Sekunnenwieser

What time is it?

Wo laat is dat?

day

de Dag

time

de Tiet

now

nu

digital watch

de digetaalsch Klock

minute

de Minuut

hour

de Stunn

Monday
de Maandag

Wednesday
de Middeweek

Friday
de Friedag

Tuesday
de Dingsdag

Saturday
de Sünnavend

Thursday
de Dunnersdag

Sunday
de Sünndag

yesterday

güstern

today

hüüt

tomorrow

morgen

morning

de Morgen

noon

de Meddag

evening

de Avend

workdays

de Arbeitsdaag

weekend

dat Wekenenn

rain
de Regen

snow
de Snee

wind
de Wind

spring
dat Fröhjohr

fall
de Harvst

summer
de Sommer

winter
de Winter

4.APRIL	11°	☀
5.APRIL	4°	☁
6.APRIL	13°	☔
7.APRIL	8°	☀
8.APRIL	10°	☀

weather forecast

de Wedervörhersaag

thermometer

dat Thermometer

sunshine

de Sünnenschien

cloud

de Wulk

fog

de Nevel

humidity

de Luftfuchtigkeit

lightning

de Blitz

thunder

de Dunner

storm

de Storm

hail

de Hagel

monsoon

de Monsun

flood

de Floot

ice

dat Ies

January

de Januormaand

February

de Februormaand

March

de Martmaand

April

de Aprilmaand

May

de Maimaand

June

de Junimaand

July

de Julimaand

August

de Augustmaand

September
de Septembermaand

October
de Oktobermaand

November
de Novembermaand

December
de Dezembermaand

shapes
de Formen

circle
de Krink

square
dat Quadrat

rectangle
dat Rechteck

triangle
dat Dreeeck

sphere
de Kugel

cube
de Wörpel

white

witt

yellow

geel

orange

orangsch

pink

pink

red

root

purple

lila

blue

blau

green

grön

brown

bruun

gray

gries

black

swart

a lot / a little

veel / wenig

angry / calm

böös / verdreeglich

beautiful / ugly

smuck / mies

beginning / end

de Begünn / dat Enn

big / small

groot / lütt

bright / dark

hell / düüster

brother / sister

de Broder / do Süctor

clean / dirty

schier / schietlg

complete / incomplete

kumpleet / nich kumpleet

day / night

de Dag / de Nacht

dead / alive

doot / lebennig

wide / narrow

breet / small

edible / inedible

geneetbor / nich geneetbor

evil / kind

böös / fründlich

excited / bored

fickerig / langwielt

fat / thin

dick / dünn

first / last

toeerst / toletzt

friend / enemy

de Fründ / de Fiend

full / empty

vull / leddig

hard / soft

hart / week

heavy / light

swoor / licht

hunger / thirst

de Smacht / de Döst

ill / healthy

krank / gesund

illegal / legal

nich na't Recht / na't Recht

intelligent / stupid

klook / dummerhaftig

left / right

linkerhand / rechterhand

near / far

neeg / feern

new / used
nieg / bruukt

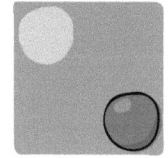

nothing / something
nix / wat

old / young
oolt / jung

on / off
an / ut

open / closed
apen / slaten

quiet / loud
lies / luut

rich / poor
riek / arm

right / wrong
richtig / verkehrt

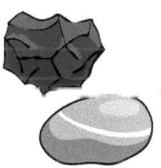

rough / smooth
ruug / glatt

sad / happy
trurig / glücklich

short / long
kort / lang

slow / fast
suutje / flink

wet / dry
natt / dröög

warm / cool
warm / köhl

war / peace
de Krieg / de Freden

0

zero

null

1

one

een

2

two

twee

3

three

dree

4

four

veer

5

five

fief

6

six

söss

7

seven

söven

8

eight

acht

9

nine

negen

10

ten

teihn

11

eleven

ölven

12

twelve

twölf

13

thirteen

dörteihn

14

fourteen

veerteihn

15

fifteen

föffteihn

16

sixteen

sössteihn

17

seventeen

söventeihn

18

eighteen

achtteihn

19

nineteen

negenteihn

20

twenty

twintig

100

hundred

hunnert

1.000

thousand

dusend

1.000.000

million

million

languages
de Spraken

English
dat Engelsch

American English
dat Amerikaansch Engelsch

Chinese Mandarin
dat Chineesch Mandarin

Hindi
dat Hindi

Spanish
dat Spaansch

French
dat Franzöösch

Arabic
dat Araabsch

Russian
dat Rusch

Portuguese
dat Portugiesch

Bengali
dat Bengaalsch

German
dat Düütsch

Japanese
dat Japaansch

I

ik

you

du

he / she / it

he / se / dat

we

wi

you

ji

they

se

who?

keen?

what?

wat?

how?

woans?

where?

woneem?

when?

wannehr?

HELLO, I AM

name

de Naam

behind

achter

in

in

in front of

vör

over

över

on

op

under

ünner

beside

blangen

between

twüschen

place

de Oort